힘든 열한 살을 위한 마음책

내 마음 다치지 않게
친구 마음 상하지 않게

우리학교 어린이 교양
내 마음 다치지 않게, 친구 마음 상하지 않게
: 힘든 열한 살을 위한 마음책

초판 1쇄 펴낸날 2025년 9월 29일

글 박진영
그림 소복이
펴낸이 홍지연

편집 홍소연 고영완 이태화 김지예 이수진 정유나
디자인 이정화 박태연 정든해 이설
마케팅 강점원 원숙영 김신애 김가영 김동휘
경영지원 정상희 배지수

펴낸곳 ㈜우리학교
출판등록 제313-2009-26호(2009년 1월 5일)
제조국 대한민국
주소 04029 서울시 마포구 동교로12안길 8
전화 02-6012-6094
팩스 02-6012-6092
홈페이지 www.woorischool.co.kr
이메일 woorischool@naver.com

ⓒ박진영, 소복이, 2025
ISBN 979-11-6755-345-4 73180

- 책값은 뒤표지에 적혀 있습니다.
- 잘못된 책은 구입한 곳에서 바꾸어 드립니다.
- KC 마크는 이 제품이 공통안전기준에 적합하였음을 의미합니다.

만든 사람들
구성 조어진
편집 이태화
디자인 정든해

힘든 열한 살을 위한 마음책

내 마음 다치지 않게 친구 마음 상하지 않게

박지영 글

소복이 그림

우리학교

목차

들어가며 친구 마음이 궁금한 열한 살에게

part 1 우리 사이에는 보이지 않는 선이 있어요

1. 친한 사이일수록 마음에 상처를 받을 수 있어요

- **바라보기** 친구들이 나를 소중하게 생각하지 않는 것 같아요
- **알아보기** 상처받는 건 그 사람을 좋아하기 때문이에요
- **지키기** 소중한 사람에게 서운할 때 한번 생각해 봐요

2. 경계와 선을 지키는 게 중요해요

- **바라보기** 친하면 다 말해도 될까요?
- **알아보기** 관계에는 선이 있어요
- **지키기** 선을 지키면서 친해질 수 있어요

3. 신체 접촉에도 지켜야 할 경계가 있어요

- **바라보기** 친구 사이에 만지는 것도 안 되나요?
- **알아보기** 신체 접촉은 조심스러워야 해요
- **지키기** 내 마음과 몸을 소중히 여겨요

part 2 나와 맞지 않는 친구가 있다고요?

1. 친구 사이에도 갈등은 생겨요

- **바라보기** 왜 사소한 일로 싸우게 될까요?
- **알아보기** 가까운 사이여도 갈등은 일어나요
- **지키기** 사람들의 생각과 습관은 모두 달라요

2. 친구에게 항상 양보해야 할까요?

- **바라보기** 바보가 된 것 같아요
- **알아보기** 양보에도 선이 있어요
- **지키기** 서로 배려하는 친구가 되어요

3. 친구는 왜 그런 행동을 했을까요?

- **바라보기** 친구의 행동이 이해되지 않아요
- **알아보기** '그럴 수도 있지.' 하고 생각해 보세요
- **지키기** 실망하기 전에 헤아려 보아요

part 3 한 걸음 다가가고 싶어요

1. 소외감이 들 수도 있어요

- **바라보기** 나만 외톨이가 된 것 같아요
- **알아보기** 소외감은 관계를 살펴보는 기회예요
- **지키기** 소외감은 자연스러운 감정이에요

2. 남들이 나를 어떻게 볼지 걱정돼요

- **바라보기** 사람들의 시선이 무서워요
- **알아보기** 평가받는 걸 두려워하지 말아요
- **지키기** 흘려듣는 것도 필요해요

3. 모두가 나를 좋아할 수는 없어요

- **바라보기** 나를 싫어하면 어떡하지요?
- **알아보기** 거절당할까 봐 미리 걱정하지 마세요
- **지키기** 사람들과 친해지는 건 쉬운 일이 아니에요

part 4 폭력을 멈추게 하는 마음

1. 아무리 친해도 폭력은 절대 안 돼요

- **바라보기** 친한 사이일수록 아껴 줘야 하는 거 아닌가요?
- **알아보기** 가까운 사이에도 폭력은 일어나요
- **지키기** 피해받지 않도록 거리를 두어야 해요

2. 물러서지 않고 맞서 싸워요

- **바라보기** 나도 괴롭힘을 당할까 봐 무서워요
- **알아보기** 침묵하면 폭력은 더 심해져요
- **지키기** 잘못된 행동은 바로잡아야 해요

3. 온라인에서도 폭력이 일어나요

- **바라보기** 댓글도 테러가 될 수 있다고요?
- **알아보기** 사이버 폭력도 폭력이에요
- **지키기** 사이버 폭력, 우리가 막을 수 있어요

4. 보이지 않는 곳에서도 나를 지켜요

- **바라보기** 친구인 줄 알았는데 아니었어요
- **알아보기** 온라인에서는 나를 더 잘 지켜야 해요
- **지키기** 안 되는 건 안 된다고 말해요

part 5 너랑 진짜 친구가 되고 싶어

1. 마음을 열어 보여 주세요

- **바라보기** 처음에는 왜 어색할까요?
- **알아보기** 마음을 열면 다가가기 쉬워요
- **지키기** 찌릿찌릿 통하는 걸 찾아봐요

2. 감사에는 힘이 있어요

- **바라보기** 고맙다고 말하기가 왜 어려운 걸까요?
- **알아보기** 고마움을 알면 더욱 돈독해져요
- **지키기** 고맙다고 자주 표현해 봐요

3. 칭찬을 나누면 행복해져요

- **바라보기**   칭찬하는 게 조금 어색해요
- **알아보기**   칭찬은 고래도 춤추게 해요
- **지키기**   친구를 관심 있게 살펴보세요

4. 도와주는 게 불편할 수 있어요

- **바라보기**   도와주는 건 좋은 거 아닌가요?
- **알아보기**   도움에도 방법이 있어요
- **지키기**   적절하게 도움을 주고받으려면

나가며 우리의 관계를 지키는 방법 세 가지

하나. 먼저 내 마음을 돌봐야 해요
둘. 아무리 친해도 나만의 시간이 필요해요
셋. 친구도 골라야 할 때가 있어요

> 들어가며

친구 마음이 궁금한 열한 살에게

안녕, 여러분? 만나서 반가워요. 이렇게 책을 통해서 다시 만날 수 있어서 정말 기뻐요.

요즘 학교생활은 어때요? 공부하기도 힘든데, 학교나 학원에서 친구와의 관계도 쉽지만은 않지요? 친하게 지내던 친구가 갑자기 아무 이유 없이 토라져서 '쟤는 도대체 왜 저러는 거야?'라는 생각이 들 때도 있고, 또는 친구의 별것 아닌 말과 행동에 상처받는 일도 있을 거예요. 친구에게 더 가까이 다가가고 싶지만 어떨 땐 혼자 있고 싶기도 하고, 별로 끼고 싶지 않은 대화에도 혼자 빠지면 왠지 따돌림당하지 않을까 친구랑 멀어지지 않을까 불안해져서 "맞아, 맞아." 하며 맞장구칠 때도 있을 거예요.

길에는 인도와 차도가 나뉘어 있고, 신호등에는 빨간불 파란불이 있어서 언제 어떻게 해야 할지가 분명한데, 친구와의 관계에서는 분명한 신호가 존재하지 않지요. 그렇다 보니 같은 말을 해도 서로 다르게 받아들이거나 어떤 말과 행동이 선을 넘는 것인지 판단하기 어려울 때가 많아요. 인간관계에도 빨간불, 파란불 종이판을 만들어서 "난 이런 대화나 신체 접촉은 좀 불편해." "나는 지금 생각이 많아. 혼자 있고 싶어." "그런 말과 행동은 옳지 않은 것 같아."라고 표현할 수 있다면 좋을 텐데, 현실은 그렇지 않지요.

　한 가지 위안이 되는 건 여러분뿐만 아니라 다른 친구들, 심지어 선생님이나 부모님 같은 어른들도 서로의 선을 넘지 않기 위해 고민하고 노력하고 있다는 사실이랍니다. 누구든 서로를 존중하면서 행복한 관계를 맺는 일은 쉽지 않거든요. 어떤 관계는 만족스러울 수도 있고, 어떤 관계는 불만족스러울 수도 있고요. 그렇기 때문에 계속해서 다양한 사람들을 만나고 헤어지기를 반복하는 것일지도 모르겠어요.

　물론 그중에는 앞으로도 꾸준히 만나게 되는 친구도 있고, 잠깐 만났지만 오래도록 기억에 남는 친구도 있을 거예요. 관계의 형태와 길이는 제각각이지만, 좋은 친구였다고 기억할 수 있다면 나와 상대 모두에게 행복한 관계라고 볼 수 있을 것 같아요. 서로서로 배려하는, 다투더라도 다시 대화하면서 맞춰 나가는 관계가 가장 성숙한 모습이 아닐까 생각해요.

　인간의 마음과 행동을 연구하는 학문인 심리학에는 '미켈란젤로 효과'라는 것이 있어요. 조각가 미켈란젤로가 평범한 돌덩이에서 최고의 아름다움을 끌어낸 것처럼, 인간관계에서 서로의 아름다움과 행복을 끌어내는 좋은 관계를 일컫는 말이에요. 이 책을 통해 서로에게 아름답고 행복한 관계를 만들어 가는 방법을 알아보도록 해요.

　본문의 '바라보기'에는 여러분이 친구와의 관계에서 평소 고민하거나 궁금했을 법한 다양한 사례를 담았어요. 나와 같은 고민이 있는지 찾아보거나 혹은 다른 친구들은 어떤 고민을 하고 있을지 살펴보는 마음으로 같이 읽어 봐요. 그 다음 코너인 '알아보기'에서는 나는 왜 그런 마음이 들었는지, 친구는 왜 그런 행동을 했는지 우리의 다양한 심리에 대해 알아보아요.

'지키기'에서는 그런 우리의 마음과 관계를 지키기 위해서 어떻게 생각하고 행동하면 좋은지, 구체적으로 따라해 볼 수 있는 조언도 만나 볼 수 있어요. 마지막으로 '우리 관계 다시 쌓기'에서는 고민과 관련된 상황과 이를 슬기롭게 대처하고 행동하는 친구들의 모습을 소복이 작가님의 만화로 만나 볼 수 있어요.

좋은 친구 관계는 한쪽 방향이 아니라 양쪽 방향이랍니다. 서로를 존중하며 다가가고 노력해야 좋은 친구가 될 수 있어요. 친구 마음이 알쏭달쏭 헷갈리고 친구에게 어떻게 다가가야 할지 몰라 고민할 때도 있겠지만, 그런 고민이야말로 좋은 우정의 시작이라고 할 수 있어요. 여러분은 정말로 잘 해낼 거예요. 이 책을 만든 모든 선생님들이 여러분을 마음 깊이 응원하고 있답니다.

여러분을 응원하는 박진영 선생님이

part 1

우리 사이에는 보이지 않는 선이 있어요

친구들이 나를 놀릴 때마다 마음이 불편해져요.
꼭 내가 친구들 앞에서 바보가 된 것 같고 친구들이 못되게 느껴져요.
어떤 친구는 내가 물어보지도 않은 자기 친구들 험담을 하거나
자기 고민을 계속 들어 달라고 떼를 쓰기도 해요.
나도 친구 얘기를 잘 들어 주고 도와주고 싶지만
어떨 땐 친구가 그만 얘기했으면 좋겠어요.
내가 친구를 소중하게 생각하지 않는 걸까요?

1. 친한 사이일수록 마음에 상처를 받을 수 있어요

바라보기 친구들이 나를 소중하게 생각하지 않는 것 같아요

하나. 나는 친구들 앞에서 실수를 많이 해요. 음식을 잘 흘리고, 자주 덤벙대요. 처음에는 친구들이 잘 챙겨 주었는데, 친해지니 은근슬쩍 나를 놀리기도 해요. 어느 날은 수업 시간에 발표하다가 엉뚱한 말을 했는데 친구들이 깔깔 웃었어요. 너무 창피하고, 친구들한테 서운하고 조금 짜증 났어요. 친구들 앞에서 바보가 된 것 같아요. 친구들이 나를 놀리고 무시하면 어떻게 해야 하죠?

둘. 내일은 엄마 아빠랑 놀이공원에 가기로 했어요. 학교에서도 집에서도 무슨 놀이기구를 탈지 생각하니까 설렜어요. 그런데 엄마가 갑자기 피곤하다면서 놀이공원은 다음에 가자고 해요. 아빠는 엄마를 이해해 달래요. 엄마가 걱정은 되지만, 약속을 지키지 않아서 화가 나요. 엄마에게 화를 내면 못된 걸까요?

알아보기 상처받는 건 그 사람을 좋아하기 때문이에요

우리는 어떨 때 사람들에게 화가 나고 속상한 마음이 들까요? 곰곰이 떠올려 보면, 친한 친구가 갑자기 약속을 지키지 않았을 때, 거짓말을 했을 때, 나를 놀리거나 부끄럽게 했을 때 마음에 상처를 받을 거예요.

잘 생각해 봐요. 만약 길에서 지나가던 사람이 인사를 하지 않거나, 강아지나 고양이가 나를 앞질러 갔을 때, 혹은 나도 귀찮았던 약속이었는데 친구나 부모님이 약속을 깨뜨릴 때는 화가 나지 않을 거예요. 나도 똑같이 낯선 사람을 무심히 지나가거나, 약속이 깨져서 오히려 잘됐다고 생각할 수도 있지요. 우리가 상처를 받는 이유는 친구와 부모님이 그만큼 소중한 사람들이기 때문이에요.

　우리가 어떤 사람을 소중히 생각할수록 그 사람이 나를 존중하지 않으면 더 속상하고 화가 나요. 마음에 큰 상처를 입기도 하지요. 내가 그 사람을 사랑하는 만큼 나도 그 사람에게 존중받기를 기대하기 때문이에요.

지키기 소중한 사람에게 서운할 때 한번 생각해 봐요

관계는 소중해요. 좋아하는 사람에게 기대하고 의지하는 것도 자연스러운 감정이에요. 하지만 잠시 생각해 봐요. 내가 좋아한다고 해서 그 사람도 무조건 나를 좋아해야 하는지, 또 무조건 내 마음을 알아주고 내가 원하는 대로 따라야 하는지를요. 생각해 보면 나도 상대가 원하는 대로 다 해 주지 못할 때가 많잖아요.

그다음에는 내가 좋아하는 친구나 부모님이 나를 존중하고 소중히 여기는지 생각해 봐요. 혹시 내가 상대방의 마음을 비뚤게 보고 오해하고 있지는 않은지, 아니면 정말 상대방이 나를 존중하지 않는지를요. 만약 상대방이 나를 존중하고 있지 않다면, 한 걸음 물러서서 생각해 보고 그 관계를 조금 더 다듬어 가는 게 좋겠지요.

친구와 부모님, 내가 좋아하는 사람이 나를 속상하게 한다면 마음을 가다듬고 이 말을 떠올려 봐요. '내가 ○○에게 너무 많은 걸 바라는 걸까?' '○○이 내 위주로 생각해 줄 이유는 없어.' '내가 ○○을 정말 좋아하나 보다.'라고요.

우리 관계 다시 쌓기

나는 소희가 정말 좋은데 소희는 나를 그만큼 좋아하지 않는 것 같아.

소희는 나보다 다른 애들을 더 좋아하는 것 같아. 내 생각도 많이 안 하는 것 같고. 서운해….

내가 소희를 지나치게 좋아하는 걸까? 아니면 소희가 나를 배려하지 않는 걸까?

혼자 고민하지 말고 소희를 만나 물어보자.

2. 경계와 선을 지키는 게 중요해요

바라보기 친하면 다 말해도 될까요?

하나. 학교에서 새 친구를 사귀었어요. 그 친구랑 이야기하면 정말 재미있어요. 그 친구랑 더 친해지고 싶어서 친구에 대해 궁금한 걸 이것저것 물어보았어요. 그랬더니 친구가 모든 걸 말하기는 부끄럽고 내 질문이 조금 부담스럽대요. 그런데 친구에 대해 더 많이 알고 싶어 하는 건 좋은 거 아닌가요?

둘. 친구랑 놀이터에서 놀다가 1학년 때 짝이었던 아이를 우연히 마주쳤어요. 친구가 "쟤는 누구야?"라고 물었어요. 나는 모두 친해지면 재미있을 것 같았어요. 둘이 서로 잘 맞을 것 같았거든요. 그래서 내가 짝꿍에 대해 알고 있는 이야기를 모두 말해 주었지요. 그랬더니 친구가 곤란해하며 말했어요. "그런데 이런 얘기까지 해도 돼?"

알아보기 관계에는 선이 있어요

우리가 친구나 다른 사람과 이야기를 나누다 보면 종종 '이런 얘기까지는 나한테 하지 않아도 되는데…….'라는 생각이 들 때가 있어요. 반대로 대화를 잘 이어 나가기 위해, 또는 이야기가 너무 재미있으면 나도 모르게 필요하지 않은 말까지 신나서 할 때도 있고요. 그러고는 집에 돌아와 '왜 그런 이야기까지 했을까? 창피해.'라는 생각에 발로 이불을 차기도 하지요.

우리는 종종 다른 사람과 더 친해지고 싶을 때, 혹은 대화를 나누다가 흥분한 나머지 상대방이 알고 싶어 하지 않는 것까지 말할 때가 있어요. '투 머치 인포메이션(Too Much Information)', 인터넷에서는 줄임말로 흔히 TMI라고 하는 '너무 많은 정보'는 나와 다른 사람의 관계를 더 깊게 이어 주기도 하지만, 때로는 알고 싶지 않은 비밀까지 알게 해 마음을 무겁게 해요. 그리고 이런 비밀은 오히려 나와 친구의 관계를 멀어지게 할 수도 있어요.

모든 관계에는 지켜야 할 보이지 않는 선이 있어요. 피구를 할 때 금을 밟거나 넘으면 안 되는 것처럼, 관계에서도 우리 마음에 있는 선을 넘지 않는 게 중요하답니다.

지키기 선을 지키면서 친해질 수 있어요

　어떤 사람과 더 친해지고 싶을 때, 나에 관한 이야기를 솔직하게 꺼내는 건 중요하고 꼭 필요한 일이에요. 하지만 상대방은 너무 자세히 알고 싶지 않을 수도 있어요. 또 시간이 좀 더 지난 뒤에 듣고 싶어 할 수도 있지요.

　내 이야기를 좀 더 하고 싶거나 친구의 이야기를 좀 더 듣고 싶다면 먼저 "이런 이야기해도 돼?" "이런 거 물어봐도 괜찮아?"라고 말해 봐요. 만약 친구가 부담스럽다고 하면 실망하지 말고 기다려 줘요. 서로의 비밀을 나눌 수 있는 시간이 사람마다 다르거든요.

　아니면 진지한 고민을 속 시원하게 털어놓아도 괜찮은 친구, 가볍게 게임 이야기를 하면 좋은 친구, 맛있는 떡볶이를 먹으러 갈 때 즐거운 친구를 떠올려 보세요. 그 친구들과 나눌 수 있는 이야깃거리를 생각해 보세요. 친구를 내 입맛대로 이용하는 것 같다고요? 그렇지 않아요. 그건 친구와 내가 더 편하게 마음을 나눌 수 있는 관계의 선을 만들고 알아 가는 과정이랍니다.

우리 관계 다시 쌓기

Part 1
우리 사이에는 보이지 않는 선이 있어요

3. 신체 접촉에도 지켜야 할 경계가 있어요

바라보기 친구 사이에 만지는 것도 안 되나요?

하나. 친구가 예쁜 목걸이를 하고 왔어요. 자세히 보고 싶어서 친구 목에 손을 댔는데 친구가 깜짝 놀라며 "내 몸 만지지 마!" 하고 화를 냈어요. 우리는 친구이고 살짝 손이 스쳤을 뿐인데 조금 억울해요.

둘. 등굣길에 같은 반 아이를 마주쳤어요. 인사를 했는데 그 아이가 나랑 친해지고 싶었는지 갑자기 팔짱을 꼈어요. 여름이라 땀도 많이 났고, 나는 간지럼을 많이 타서 팔짱 끼는 게 기분 좋지 않았어요. 그런데 그 아이한테 팔짱 끼지 말라고 하면 상처받을 것 같아서 아무 말도 하지 못했어요. 친구를 속상하게 하지 않으면서 거절할 수 있는 방법은 없을까요?

알아보기 **신체 접촉은 조심스러워야 해요**

 우리가 친구를 사귀면서 어느 정도까지 신체 접촉을 해도 되는지 알아 가는 건 매우 중요해요. 어떤 친구는 손을 잡고 팔짱을 끼고 머리를 쓰다듬고 끌어안는 걸 좋아하지만, 어떤 친구는 이런 신체 접촉을 좋아하지 않을 수도 있거든요. 몸에 무언가 닿는 걸 굉장히 예민하게 느끼고 깜짝 놀라는 사람들도 있고요.

 특히 좋아하는 친구일수록, 가까운 사이일수록 나도 모르게 몸을 만지거나 지나치게 신체 접촉을 하는 경우가 있어요. 아무리 친해도 상대를 만지는 행위에는 '동의'가 필요하답니다. 좋아하는 마음에서 비롯된 행동이더라도 친구의 허락이 꼭 필요하거든요. 반대로 친구가 동의 없이 나를 만지는 게 불쾌하다면 마음 상하지 않게 거절하는 것도 필요하답니다.

지키기 내 마음과 몸을 소중히 여겨요

 중요한 건 나는 어느 정도까지의 신체 접촉이 괜찮은지, 또 친구는 어느 정도까지 받아들일 수 있는지를 아는 거예요. 만약 나는 손을 잡는 것까지만 괜찮은데 친구가 갑자기 뽀뽀를 하거나 껴안는다면 "잠깐만! 나는 이러는 거 좋아하지 않아."라고 말해요. 반대로 내가 한 행동에 친구가 이렇게 말하면 미안하다고 사과하는 게 좋아요.

 친구가 내 몸을 만졌을 때 똑 부러지게 거절하기 어렵다고요? 그렇다면 친구가 다가오기 전에 미리 말하는 것도 좋아요. "내가 조금 민감해서 갑자기 손을 잡거나 만지면 깜짝 놀라. 그러니까 이해해 줘."라고 말해 봐요. 좋은 친구라면 분명히 알아주고 조심할 거예요. 그런데도 배려 없이 자기 마음대로 행동하는 친구가 있다면 그 친구와는 조금 거리를 두는 것도 좋아요. 무엇보다 내 마음과 몸을 소중히 여기고 지키는 게 중요하니까요.

우리 관계 다시 쌓기

part 2

나와 맞지 않는 친구가 있다고요?

다른 애들은 안 그런 것 같은데, 나는 친구랑 자주 다퉈요.
내가 맞는 것 같은데, 친구는 자기 말이 맞대요.
그렇다고 친구랑 절교하고 싶은 건 아니에요.
어릴 때부터 친했고, 같이 놀면 정말 재미있거든요.
나는 친구한테 양보도 많이 해 주는데, 친구는 조금 이기적인 것 같아요.
유독 나한테만 쌀쌀맞고 필요할 때만 찾는 거 같아 속상하고 서운해요.
서운하다고 말하면 친구가 내 마음을 이해해 줄까요?

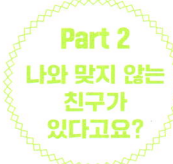

Part 2 나와 맞지 않는 친구가 있다고요?

1. 친구 사이에도 갈등은 생겨요

바라보기 왜 사소한 일로 싸우게 될까요?

하나. 청소 당번 일로 친구와 다투었어요. 나는 칠판을 닦기로 하고 친구는 책상을 정리하기로 했는데, 친구가 갑자기 역할을 바꾸자는 거예요. 칠판을 닦는 게 더 빨리 끝날 테니까 자기가 칠판을 닦고 나서 책상 정리하는 일을 도와주겠대요. 싫다고 했더니 친구가 나한테 답답하대요. 나야말로 갑자기 할 일을 바꾸자는 친구가 이해되지 않는데, 누가 맞는 걸까요?

둘. 동생이 컴퓨터로 숙제를 하다 말고 레고를 맞추고 있어요. 동생이 숙제를 끝내야 내가 컴퓨터 게임을 할 수 있는데 말이에요. 그래서 빨리 숙제부터 하라고 했어요. 그런데 동생은 잠깐 머리를 식히는 거라면서 조금만 기다리래요. 짜증이 나서 엄마한테 일렀더니 동생이 화를 냈어요. 자기한테도 순서가 있는데 왜 무시하냐면서요. 나도 내 계획이 있는데, 동생은 왜 화를 낼까요? 억울해요.

알아보기 **가까운 사이여도 갈등은 일어나요**

   우리는 큰일로도 싸우지만, 사소한 일로 싸울 때가 훨씬 많아요. 즐겁게 얘기하다가도 생각이 달라 다투기도 하고, 밥을 먹을 때의 습관이나 씻는 순서로 싸우기도 해요. 심지어 어른들도 아주 사소한 일로 많이 다툰답니다.

   아무리 가까운 사이여도 꼭 한 번은 다투게 돼요. 우리가 다른 사람들과 싸우는 이유는 무엇일까요? 물론 상대방이 크게 잘못해서 싸울 수도 있지만, 어떤 일을 할 때 목적과 방법, 순서가 다르기 때문에 많이 다투게 돼요. 사람마다 생긴 모습이 다른 것처럼 일을 하는 방식도 제각각이거든요.

   서로 다르게 일하는 걸 받아들이고 이해해 주면 얼마나 좋을까요? 하지만 '내 방법이 더 옳다.'는 생각에 상대방을 이해하지 못하고 결국 갈등을 빚게 돼요. 무조건 내 방법이 옳다는 생각에서 한 걸음 물러나, 상대방이 왜 그렇게 생각하고 행동하는지 이해하는 마음을 가진다면 큰 다툼을 피할 수 있을 거예요.

지키기 사람들의 생각과 습관은 모두 달라요

 사람들의 생각과 습관은 저마다 다르기 때문에 정답이 없을 수도 있어요. 나에겐 맞는 방법이지만 친구에게는 낯설고 효율적이지 않을 수 있거든요. 반대로 친구가 좋은 방법이라고 했는데, 내가 생각하기에는 그렇지 않을 수도 있고요. 상대방의 행동이 잘 이해되지 않을 때는 'ㅇㅇ한테는 이 방법이 더 맞을 수도 있어. 나와 ㅇㅇ은 다르니까.'라고 생각하고 받아들이는 건 어떨까요?

 중요한 건 내 생각이나 방법이 반드시 옳다는 고집에서 벗어나는 거예요. 조금 더 말랑말랑한 마음가짐으로 '내 방법이 꼭 옳다고는 할 수 없어. 사람마다 다르니까.'라고 생각하면 상대방의 행동을 더 잘 이해할 수 있을 거예요. 내가 먼저 너그럽게 생각한다면, 상대방도 나에게 자기만의 방식을 강요하지 않을 거예요.

우리 관계 다시 쌓기

Part 2
나와 맞지 않는 친구가 있다고요?

2. 친구에게 항상 양보해야 할까요?

바라보기 **바보가 된 것 같아요**

    좋아하는 친구한테 잘해 주고 싶어요. 나는 떡볶이를 별로 좋아하지 않지만, 친구가 떡볶이를 좋아하니까 같이 먹으러 가고 싶어요. 내가 좋아하는 캐릭터 키링도 친구가 가지고 싶다고 해서 선물로 줬어요.

    그런데 다른 친구가 나한테 "왜 걔한테 다 맞춰 줘? 계속 그렇게 퍼 줄 거야? 너 그러다 바보 돼."라고 했어요. 생각해 보니 그 친구 말도 맞는 것 같아요. 잘해 줄수록 나를 더 이용하는 나쁜 친구라면 내가 손해 볼 수도 있잖아요. 그렇다고 좋아하는 친구를 나쁜 친구라고 단정 지을 수는 없을 것 같아요. 이럴 땐 어떻게 해야 할까요?

알아보기 **양보에도 선이 있어요**

 주변 사람에게 잘해 주고, 양보하고, 배려하는 건 인간관계를 맺을 때 중요한 마음가짐 중 하나예요. 그런데 가끔 내가 상대방을 위하는 만큼 상대방이 나를 소중히 대해 주지 않아 속상할 때가 있지 않나요? 심한 경우에는 상대방이 나를 이용한다는 의심이 들 때도 있어요.

 실제로 마음씨 착한 사람을 이용하는 사람도 있으니까요. 이런 사람은 상대방의 선한 마음을 이용해 이득을 보고 마음에 상처를 주지요. 친절하고 상냥하게 사람을 대하는 건 좋은 태도예요. 하지만 그전에 상대방도 나를 똑같이 배려해 주는 사람인지, 아니면 나의 배려를 이용만 하려는 사람인지 알아채는 것도 필요해요.

 그렇다고 해서 무조건 남을 의심하라는 건 아니에요. 상대방을 믿고 배려하는 선한 마음은 우리가 함께 살아가는 데 꼭 필요하니까요.

짤랑
짜잘랑

지키기 서로 배려하는 친구가 되어요

내가 친구에게 먼저 양보했는데 친구가 당연한 일로 생각하면 속상하고 서운한 마음이 들 수 있어요. 그럴 땐 친구가 원래 자기만 생각하는 사람인지, 아니면 내 배려를 눈치채지 못했는지 곰곰이 생각해 봐요. 만약 자기만 생각하는 친구라면 조금은 덜 양보하는 것도 괜찮아요.

하지만 나도 똑같이 내 이익만 챙기려고 한다면 나를 소중하게 여기는 또 다른 사람이 속상해할 거예요. "쟤는 이기적이야. 자기밖에 몰라."라고 하면서 주변 사람들이 하나둘 떠나고 결국 곁에 남은 친구가 없을 수도 있고요.

나를 믿어 주고 나의 배려를 고마워하는 친구가 누구인지 생각해 보세요. 떠오르는 친구가 있나요? 그 친구와 오래 친하게 지내야겠다고 마음먹어 보세요. 그럼 서로 배려하고 보답하며 더 좋은 관계를 이어 나갈 수 있을 거예요.

우리 관계 다시 쌓기

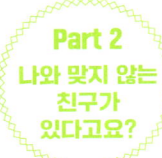

Part 2
나와 맞지 않는
친구가
있다고요?

3. 친구는 왜 그런 행동을 했을까요?

바라보기 친구의 행동이 이해되지 않아요

하나. 친구들끼리 주말에 맛있는 것도 먹고 사진도 찍기로 했어요. 다 같이 한 시에 공원 앞에서 만나기로 했어요. 그런데 한 친구가 금방 도착할 거라고 했는데 약속 시간이 한참 지나도 오지 않았어요. 우리는 30분이나 기다렸어요. 그 친구는 평소에도 자주 늦는 아이예요. 일찍 일어나서 미리 준비하면 되는데 왜 항상 늦는 걸까요? 우리와의 약속이 중요하다고 생각하지 않는 걸까요?

둘. 우리 반에 잘 나서지 않는 아이가 있어요. 수업 시간에 발표를 할 때도 손을 거의 들지 않고, 말할 때도 목소리가 엄청 작아요. 이번에 그 친구랑 같은 모둠이 되었어요. 다 같이 발표를 해야 하는데 이번에도 그 친구만 슬쩍 빠질 것 같아요. 나도 발표하는 건 싫은데……. 친구가 조금 얄밉게 느껴져요.

알아보기 **'그럴 수도 있지.' 하고 생각해 보세요**

   친구가 어떤 행동을 했을 때 왜 그런 행동을 했는지 곰곰이 생각해 보는 게 좋아요. 친구를 좀 더 잘 이해할 수 있는 지름길이거든요. 친구의 행동을 부정적으로 여기고 단정 지으면 오해가 쌓이고 실망하게 되지만 친구의 입장에서 왜 그런 행동을 했는지 살펴본다면 오해를 피할 수 있어요.

   우리는 때때로 누군가의 행동 하나만을 보고 '이 사람은 이럴 거야.'라며 혼자 생각할 때가 있어요. 하지만 그건 너무 섣부른 판단일 수 있어요. 다른 사람이 생각하는 나의 모습이 오해나 편견일 수 있는 것처럼, 나의 생각이 무조건 옳다고 여기는 건 위험해요.

   나만의 생각에서 벗어나 상대방의 입장에서 헤아려 보는 건 좋은 관계를 유지하는 데 꼭 필요한 마음가짐이에요. 만약 친구가 이해되지

않는 행동을 했을 때 '그 친구 입장에서는 그럴 수 있지.'라고 생각해 보면 이전과는 다르게 보일 거예요. 사람들의 경험이나 생각, 가치관, 취향, 행동은 나와 많이 다를 수 있답니다.

지키기 실망하기 전에 헤아려 보아요

가장 중요한 건 상대방의 행동에 곧바로 실망하지 않는 거예요. 상대방의 행동을 찬찬히 돌이켜 보면서 이해하려고 한다면 오해하는 일이 줄어들 거예요. 만약 친구가 나랑 놀기로 했는데 약속 시간에 늦었다면 '혹시 다른 급한 일이 생긴 걸까? 버스를 놓쳤을지도 몰라.'라고 생각해 봐요. 친구의 어쩔 수 없는 상황을 헤아려 보고, 친구가 약속 시간에 늦은 이유를 들어 보면 실망하거나 오해하지 않을 수 있어요.

만약 친구가 나에게 실수나 잘못을 했다면 '○○은 원래 그래. 나한테 못되게 굴려는 거야.'라고 생각하지 말고 '잠깐만! ○○에게도 사정이 있을 거야.'라고 바꿔서 생각해 보아요. 상대방의 입장에서 헤아려 보는 건 서로 더 좋은 친구가 될 수 있는 좋은 방법이에요.

우리 관계 다시 쌓기

part 3
한 걸음 다가가고 싶어요

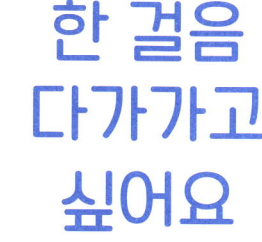

어느 날부턴가 단짝 친구에게 말을 걸기가 어려워졌어요.
그 친구는 다른 친구들이랑 남자 친구 얘기도 하고 드라마 얘기도 하고
아이돌 얘기도 하는데 나는 대화에 끼기가 힘들어요.
친구랑 다시 예전으로 돌아가고 싶은데 점점 멀어져서 아쉬워요.
이제는 내가 그 친구에게 어울리지 않는 친구인 걸까요?
그 친구도 나 같은 애보다는 다른 멋진 친구들이랑 지내려고 하겠죠?

Part 3 한 걸음 다가가고 싶어요

1. 소외감이 들 수도 있어요

바라보기 나만 외톨이가 된 것 같아요

하나. 친구들이 요즘 '하트팡'이라는 캐릭터 이야기만 해요. 만나기만 하면 하트팡 이야기만 하는데, 사실 나는 하트팡이나 애니메이션 캐릭터엔 별로 관심이 없어요. 나는 친구들이랑 게임 얘기를 하고 싶은데, 친구들이 재미없어해요. 친구들이 내가 좋아하는 것들에 관심이 없어서 서운해요. 친구들과 얘기할 때마다 나만 뚝 떨어져 있는 것 같아요.

둘. 쉬는 시간에 친구들이랑 수다를 떠는데, 친구들이 주말에 코인노래방에 다녀온 이야기를 했어요. 듣다 보니까 나만 쏙 빼고 친구들끼리 다녀왔나 봐요. 왜 나한테는 같이 가자고 물어보지 않았는지 서운했어요. 친구들은 내가 주말에 집에 있는 걸 좋아하고 노래방도 별로 좋아하지 않는 것 같아서 자기들끼리 다녀왔대요. 왠지 친구들한테 따돌림당하는 기분이 들어요.

알아보기 소외감은 관계를 살펴보는 기회예요

　무리에서 어울리지 못하고 혼자 멀어진 것 같은 느낌을 '소외감'이라고 해요. 누구나 한 번쯤 친구들과 어울리지 못하고 겉도는 기분을 느껴 봤을 거예요. 대화도 잘 통하지 않고 뭔가 맞지 않는, 삐거덕거리는 느낌을 받는 거지요. 아주 사소한 일로도 소외감을 느낄 수 있어요. 예를 들어 친구들이 나만 모르는 이야기를 재미있게 할 때나, 나한테 다른 약속이 있는 날에 맛있는 걸 먹자며 자기들끼리 약속을 잡을 때 우리는 소외감을 느껴요. '친구들이 나를 싫어하나?' '내가 왕따가 되는 건 아닐까?' 하고 생각하기도 하지요.

　소외감을 느끼는 건 그만큼 여러분이 친구와의 관계를 소중하게 생각하기 때문이에요. 소외감은 그 관계에 이상이 없는지 살펴보라는 신호이기도 해요. 우리의 마음은 가까운 사람들과 멀어질 때, 서운함이나 소외감 같은 감정으로 우리에게 '삐용삐용' 경고를 보내거든요. 그러니 이런 감정을 느낄 때는 너무 불안해하지 말고, 나를 돌이켜 보고 친구와의 관계를 다지는 기회로 삼아 보세요.

지키기 소외감은 자연스러운 감정이에요

소외감을 느꼈을 때 친구와 사이가 더 멀어지지 않으려면 어떻게 해야 할까요? 대놓고 친구한테 "너, 나를 따돌리는 거야?"라고 물어보기는 힘들 거예요. 게다가 나를 따돌릴 의도가 없었던 친구라면 당황할 테고요.

친구에게 서운한 마음이나 소외감이 든다면 '요즘 내가 친구들한테 소홀했나?' '친구들의 관심사를 내가 잘 모르나?' '친구들이 뭔가 오해했나?'라고 생각하면서 원인을 찾아보아요. 친구 관계를 점검해 보는 것도 좋고요. "요즘 내가 이런 감정을 느꼈어."라고 친구들에게 말하면서 조심스럽게 속마음을 꺼내 보는 것도 좋겠지요.

소외감은 친구 사이에서 누구나 느끼는 자연스러운 감정이에요. 친구를 탓하거나 나를 탓하지 말고, 관계를 돌아보는 기회로 삼아 보아요. 나를 탓하지 말고 누구나 느낄 수 있는 자연스러운 감정이라고 생각하는 게 가장 중요하지요.

우리 관계 다시 쌓기

Part 3
한 걸음
다가가고
싶어요

2. 남들이 나를 어떻게 볼지 걱정돼요

바라보기 **사람들의 시선이 무서워요**

하나. 학교에서 샌드위치를 만들었어요. 다른 애들은 맛있게 만들었는데, 나는 조금 자신이 없었어요. 샌드위치 만드는 건 처음이었거든요. 그래서 샌드위치를 짝꿍과 서로 바꿔 먹기로 했는데, 짝꿍이 내 샌드위치를 한 입 먹더니 맛이 없다면서 인상을 찌푸렸어요. 미안하기도 하고, 다른 친구들까지 쳐다보니 창피했어요. 이제 샌드위치는 못 만들 것 같아요.

둘. 주말에 내가 갖고 싶었던 옷을 샀어요. 내가 제일 좋아하는 캐릭터가 그려진 옷이에요. 너무 좋아서 바로 입고 학교에 갔는데, 친구들이 내 옷을 보더니 깔깔 웃었어요. 그 뒤로 그 옷을 못 입겠어요. 옷을

입고 밖에 나가면 모두 나를 보며 깔깔 웃고 놀릴 것 같아요. 정말 좋아해서 산 건데 속상해요.

알아보기 평가받는 걸 두려워하지 말아요

다른 사람에게 좋지 않은 평가를 받거나, 나에 대해 부정적인 이야기를 들으면 누구나 상처받아요. 점점 자신감이 떨어지고 자존감도 낮아지지요. 더 심해지면 평가받는 게 무서워서 새로운 걸 시도하지 않기도 해요.

내가 나를 평가할 수도 있지만, 평가는 대부분 다른 사람의 기준에서 이루어져요. 내가 가끔 실수하는 것처럼 다른 사람도 잘못 판단할 수 있어요. 사람마다 평가의 기준도 달라요. 어떤 사람은 수학 시험에서 60점만 맞아도 잘했다고 생각하는 반면, 누군가는 90점을 맞아도 부족하다고 생각하는 것처럼요. 이처럼 평가는 절대적이지도 않고 완벽하지도 않아요. 각자의 생각과 판단이 들어가기 때문이에요.

다른 사람들도 평가받는 걸 두려워한답니다. 이런 두려움은 일을 더 잘하게 하는 동기가 되기도 하지만, 오히려 포기하게 만들기도 해요. 중요한 건 나의 삶을 뒤집을 만큼 중요한 평가는 없다고 스스로 깨닫는 거예요.

지키기 흘려듣는 것도 필요해요

내가 잘하지 못해서, 조금 서툴러서 좋지 않은 평가를 받았다면 당장은 주눅이 들 거예요. 하지만 점점 고쳐 나가면서 다음에 더 잘하면 평가는 언제든 바뀔 수 있어요. 그러니까 두려움보다는 두근거림을 가져 보아요. 내가 조금 못한다고, 예쁘지도 잘생기지도 않았다고, 남들과 다른 생각을 가졌다고 사람들이 수군거릴까 봐 두려워할 필요는 없어요. 다른 사람이 어떻게 평가하든 나는 나고, 나라는 사람은 여전히 소중하니까요.

중요한 건 누가 어떤 평가를 하든 두려워하지 않는 거예요. 만약 다른 사람의 평가가 내가 생각해도 맞다고 생각하면 열린 마음으로 받아들여도 좋아요. 하지만 그렇지 않거나 나에게 도움되지 않는 평가라면 흘려듣는 것도 필요해요. 나를 평가하는 사람도 누군가에게 평가를 받는, 완벽하지 않은 사람이에요. 그 사람 입장에서는 나 또한 그 사람을 평가하는 사람일 테고요. 타인의 평가는 오직 내가 주의를 기울일 때에만 나에게 영향을 미친답니다. 그러니 다른 사람의 말 한마디에 휘둘리지 말고 나의 가치를 지켜 보아요.

우리 관계 다시 쌓기

Part 3 한 걸음 다가가고 싶어요

3. 모두가 나를 좋아할 수는 없어요

바라보기 나를 싫어하면 어떡하지요?

하나. 좋아하는 친구가 생겼어요. 그 친구는 공부도 잘하고 다른 애들과 잘 어울리고, 키도 크고 예쁘게 생겼어요. 그 애 주변에는 늘 친구들이 정말 많아요. 나도 다른 애들처럼 그 애랑 친해지고 싶은데, 나는 재미있는 얘기도 없고 공부도 잘 못하고 예쁘지도 않아요. 혹시나 말을 걸었는데 그 애가 "너 별로야. 친구 하기 싫어."라고 할까 봐 겁이 나요.

둘. 작년에 친구들이랑 싸운 적이 있는데, 제대로 화해하지 못한 채 새 학년이 되었어요. 새 친구를 사귀고 싶은데 친구를 새로 사귀어도

작년처럼 또 싸우고 화해하지 못하면 어쩌지요? 벌써 걱정이 되고 친구 사귀기가 조금 무서워요. 그래서인지 친구들이 나를 싫어할까 봐 먼저 다가가지 못하고 있어요. 나는 왜 이렇게 바보 같을까요?

알아보기 거절당할까 봐 미리 걱정하지 마세요

조금 모자라거나 실수하면 왠지 미움받을 것 같은 생각이 들 때가 있어요. '나를 싫어하면 어쩌지?' '내 행동이 친구의 마음에 들지 않으면 어떡하지?' 하고 두려워하면 친구를 사귀는 일이 점점 어려워져요.

더 나아가 상대방이 주는 관심을 알아채지 못하고 '나를 좋아하지 않을 거야.'라고 지레짐작하기도 해요. 그래서 상대방의 관심과 호의를 경계하고, 오히려 쌀쌀맞게 대할 때도 있어요. 상대방이 나에 대해 실망할 걸 보고 싶지 않은 마음 때문에요. 이렇게 혼자만의 생각이 커지면 새로운 사람을 만날 때 경계심이 생기게 되지요. 사람을 잘 믿지 못하고, 상대방이 보여 주는 관심과 친절을 있는 그대로 받아들이지 못해요.

또 거절에 대한 두려움이 커지면 상대방으로부터 나를 보호하려는 마음이 커져요. 상대방이 거절하면 마음에 상처가 크게 남을까 봐 내가 먼저 벽을 쌓아 버리는 거지요. 벽 안에 갇혀 내 마음을 잘 드러내지 않고, 친구들과 깊은 관계를 만들지 않게 된답니다. 그러면 친구들도 자연스레 나를 '쌀쌀맞은 아이' '나에게 관심이 없는 아이'라고 오해할 수 있어요.

지키기 사람들과 친해지는 건 쉬운 일이 아니에요

우리가 사람들과 조금 더 가까워지고 좋은 관계를 맺기 위해서는 먼저 생각해야 할 게 있어요. 내가 모든 면에서 완벽하지 않듯, 다른 사람도 마찬가지라는 사실이에요. 내가 실수할 때가 있듯이 상대방도 실수할 때가 있어요. 사람들과의 관계에서 실수하고 서로 상처를 주고받는 일들은 특별히 걱정해야 하는 아주 '이상한' 일이 아니라, 당연히 생길 수 있는 아주 '자연스러운' 일이랍니다.

나를 정말 좋아하고 아껴 주는 친구는 한 명일 수도 있고 여러 명일 수도 있어요. 나 역시 모두를 똑같이 좋아할 수는 없어요. 우리 관계는 마치 퍼즐 조각 같아서, 어떤 사람과는 꼭 맞고 어떤 사람과는 전혀 맞지 않기도 해요. 나와 마음이 잘 맞는 친구가 한 명은 꼭 있을 거라는 생각을 하면, 두려움은 조금씩 없어질 거예요.

중요한 사실은, 누군가와 친해지고 관계를 맺는 일은 나뿐만 아니라 모두에게 어려운 일이라는 거예요. 실제로 어느 실험에서, 사람들에게 얼마나 많은 사람이 관계 맺는 일을 어려워할지 생각해 보라고 하면서, 매우 많은 사람이 거절에 대한 두려움과 어색함 등으로 고생하고

있다고 알려 주었어요. 그랬더니 실험에 참가한 많은 사람이 "뭐야, 나만 그런 게 아니잖아!"라며 후련해했다고 해요. 그 뒤에 좀 더 편한 마음으로 사람을 사귀게 되었다는 연구 결과가 있답니다.

  나에게 어려운 일은 다른 사람에게도 어려워요. 이걸 알면 내가 먼저 상대방에게 다가가는 것도, 상대방이 나에게 다가오는 것도 조금은 덜 부담스러워질 거예요.

우리 관계 다시 쌓기

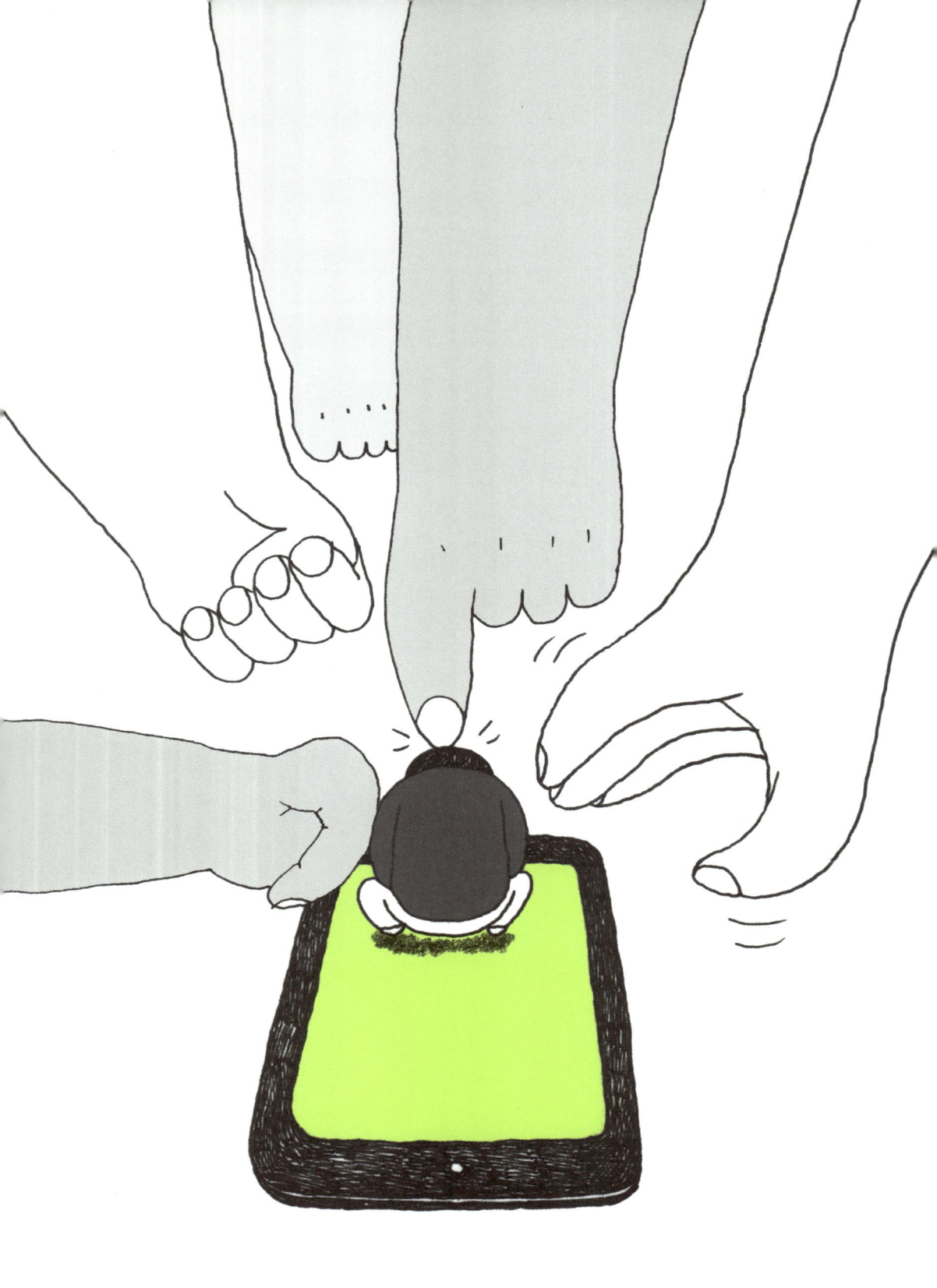

part 4
폭력을 멈추게 하는 마음

요즘 학교에 다니기 무서워요.
얼마 전에 친구가 괴롭힘당하는 걸 우연히 봤거든요.
부모님께 말했더니 좋은 친구들만 사귀면 괜찮을 거래요.
밤늦게 돌아다니거나, 괜히 눈에 띄는 행동은 하지 말라고도 했어요.
그런데 그 친구도 잘못한 건 하나도 없거든요. 어떻게 해야 좋을까요?

Part 4
폭력을 멈추게 하는 마음

1. 아무리 친해도 폭력은 절대 안 돼요

바라보기 친한 사이일수록 아껴 줘야 하는 거 아닌가요?

하나. 한번은 친구가 나에게 심한 말을 했어요. 친구 말에 상처를 받았는데, 친구는 대수롭지 않게 여기는 거예요. 오히려 나한테 "우리 사이에 이 정도 말은 할 수 있는 거 아니야?"라고 했어요. 나는 친구 말이 맞는 것 같기도 해서 헷갈려요. 친한 사이일수록 아껴 줘야 하는 거 아닌가요? 가까운 사이니까 상대방이 조금은 상처를 줘도 이해해야 하는 걸까요?

둘. 뉴스를 보는데 '교제 폭력'이라는 말이 나왔어요. 엄마 아빠한테 물어보니 사랑하는 사이에 일어나는 폭력이래요. 사랑하는데 폭력이라니……. 폭력은 남을 때리고 다치게 하는 거잖아요. 서로 사랑하는데 왜 때리는 걸까요? 사랑하는 사이니까 아파도 참아야 하는 걸까요? 잘 이해가 되지 않아요.

알아보기 가까운 사이에도 폭력은 일어나요

친하면 상처를 주지 않을 것 같지만, 가까운 사이에서도 폭력은 일어나요. 여기에서 말하는 폭력이란 때려서 몸을 다치게 하는 것뿐만 아니라, 욕을 하거나 날 선 말로 마음을 아프

게 하는 일, 상대방을 얕보고 마음대로 행동하고 이용하는 일까지 포함해요.

　가깝고 친한 사이일수록 처음에는 폭력을 잘 느끼지 못하는 경우가 많아요. 피해를 입고 '이걸 폭력이라고 할 수 있을까?' '내가 예민한 건 아닐까?'라고 생각하며 넘길 때도 많지요. 심각한 건 가해자가 폭력을 폭력으로 여기지 않는다는 거예요. '우리 사이에 이 정도쯤은 이해해 주겠지.'라며 대수롭지 않게 생각하기도 해요. 하지만 아무리 친한 사이라고 해도 폭력은 절대로 저지르면 안 되는 행동이에요. 몰라서 해를 입혔든 알고서도 폭력을 가했든 상대가 고통을 느꼈다면 벌을 받아야 할 일이지요.

　하지만 안타깝게도 폭력은 우리 주변에서 자주 일어나고 있어요. 뉴스나 기사에서 보는 아동 학대, 가정 폭력, 교제 폭력, 가스라이팅이 모두 폭력에 해당한답니다. 우리는 폭력에 늘 예민해야 해요. 누군가 주위에서 폭력을 당해 힘들어하지 않는지, 내가 피해자 혹은 가해자이지는 않은지 세심하게 들여다보아야 하지요.

지키기 피해받지 않도록 거리를 두어야 해요

 친밀한 관계에서 일어나는 폭력의 피해자는 대부분 처음엔 자신이 피해자라고 여기지 못해요. 오히려 폭력이 일어나는 원인을 자기 때문이라고 잘못 생각하기도 하지요.

 가족, 친구, 연인 등 가까운 사이에서 일어나는 폭력을 막기 위해서는 관계를 잘 살펴봐야 해요. 내가 상대방으로부터 상처를 받은 적이 있다면 그게 폭력인지 아닌지 판단해 보는 게 좋아요.

 사랑하고 소중히 여기는 마음과 폭력은 함께할 수 없다는 걸 알아야 해요. 내가 좋아하는 사람, 나를 좋아한다는 사람이 말과 행동으로 내게 아픔을 주었다면 폭력을 의심해 볼 수 있어요. 상대방이 나를 두렵게 한 적은 없는지 잘 떠올려 보세요. 아무리 좋아하고 친한 사이라도 나를 자기 마음대로 휘두르는 친구라면 멀리 떨어져서 나를 지키는 게 우선이에요.

우리 관계 다시 쌓기

2. 물러서지 않고 맞서 싸워요

바라보기 나도 괴롭힘을 당할까 봐 무서워요

우리 반에 힘센 아이들한테 괴롭힘을 당하는 친구가 있어요. 처음에는 그냥 놀리기만 했는데, 어느 날부터 그 친구를 때리기 시작했어요. 다른 친구들은 그 애가 불쌍하다고 말하면서도 힘센 애들이 무서워서 모르는 척해요. 괜히 나섰다가 자기도 괴롭힘을 당할까 봐 두려운 거예요. 선생님은 아직 그런 사실을 모르시는 것 같은데, 어떻게 해야 할까요? 사실 나도 힘센 애들이 조금 무서워요. 직접 도와주지는 못해도 선생님한테는 알려야 할 것 같은데, 그러다가 나까지 괴롭힘을 당하면 어떡하죠?

알아보기 **침묵하면 폭력은 더 심해져요**

　폭력이 발생했을 때, 그 상황을 피하거나 모른 척하면 당장은 괜찮겠지만 오래가지는 못할 거예요. 못 본 척 침묵하면 폭력을 쓰는 사람은 '아무도 나를 못 건드릴 거야.'라고 생각하면서 더 심한 행동을 할 수도 있거든요.

　누군가 괴롭힘을 당하고 있다면 다른 사람이 나서서 상황을 막아 주는 것만으로도 더 큰 폭력을 막을 수 있어요. 괴롭히는 행동이 폭력이고 폭력은 심각한 문제라고 지적하면, 가해자는 물론 지켜보고만 있던 사람에게도 '아, 잘못된 행동이구나.' 하고 깨달음과 주의를 줄 수 있거

든요.

　인간 심리를 연구하는 실험 결과에 따르면, 폭력을 저지르는 사람은 주변에서 가만히 있으면 괜찮은 줄 알고 계속해서 폭력을 쓴다고 해요. 사람들이 폭력을 문제 삼지 않을수록 그 행동에 점점 무뎌져서, 가해자는 자신의 폭력이 문제라는 것을 모르게 된다고 해요. 또 반대로 피해자는 점차 폭력에 무기력해지게 되고요. 그래서 주변 사람들의 행동이 중요하지요.

　그럼에도 가해자가 힘이 세거나 무서운 사람이라면 선뜻 나서기 어려울 수도 있어요. 이럴 때는 선생님이나 어른에게 도움을 청하는 용기를 내 보아요.

지키기 잘못된 행동은 바로잡아야 해요

　사소한 폭력이라도 지적하지 않고 그냥 넘어간다면 나중에 더 큰 폭력으로 이어질 수 있어요. 그래서 괴롭힘이 시작되었을 때 적극적으로 막고 가해자가 폭력을 멈추도록 하는 것이 중요해요.

　먼저 폭력이 일어나는 상황을 보면 주변에 알리고 잘못된 행동이라고 지적해야 해요. 가해자가 "나는 괴롭힐 의도가 없었어."라면서 변명해도 그냥 넘어가면 안 돼요. 어떤 경우라도 폭력은 절대로 해서는 안 되는 잘못된 행동이라는 걸 알려야 해요.

　"그건 폭력이 맞아. 네가 잘못한 거야. 사과하고 잘못을 인정해."라고 단호하게 말해야 해요. 가해자와 맞서 싸워야 할 때는 물러서지 않는 게 중요해요. 누군가를 괴롭히는 폭력을 봤을 때 지나치지 않고 맞서는 건 도덕적인 마음에서 나오는 용기 있는 행동이랍니다.

만약 주변 친구들이 폭력으로 힘들어한다면 어른에게 도움을 청하거나, 전문가의 상담을 받는 것도 좋아요. 우리를 도와줄 사람들은 어

디에나 있다는 사실을 잊지 마세요.

    주변에서 폭력을 목격했거나 또는 내가 피해를 입었다면, 아래 번호로 신고할 수 있어요. 잊지마세요. 작은 용기가 나와 우리를 지키는 힘이 될 수 있답니다.

- **학대 아동 보호 및 예방 안내** 아동권리보장원 | 112
- **아동 성폭력 피해자 상담, 치료, 법률 지원, 온라인 신고** 해바라기아동센터 | 02-3274-1375(서울) 외
- **성폭력·성 착취·디지털 성범죄 피해 상담** 탁틴내일 | 02-3141-6191(서울) 외
- **학교 폭력 예방 교육 및 전화·문자 상담** 교육부, 여성가족부, 경찰청 | 117
- **학교 폭력 전화 상담, 인터넷 상담, 개인 및 집단 상담** 푸른나무재단 | 1588-9128

우리 관계 다시 쌓기

Part 4
폭력을
멈추게 하는
마음

3. 온라인에서도 폭력이 일어나요

바라보기 댓글도 테러가 될 수 있다고요?

    요즘 나는 '너튜브'에 푹 빠져 있어요. 너튜브에서 아이돌 영상 보는 게 정말 재미있거든요. 주말에도 너튜브를 보고 있는데, 추천 동영상이 떴어요. '아이돌 ○○○ 논란' 영상이었어요. 무슨 내용인지 궁금해서 보았는데, 아이돌을 욕하는 댓글이 엄청 많이 달려 있었어요. 사람들 말이 진짜인 것 같기도 하고, 아닌 것 같기도 해요. 댓글이 너무 재미있어서 엄마 아빠한테 너튜브 영상을 보내 줬어요. 그랬더니 엄마 아빠가 이런 건 '사이버 테러' 수준이래요. 뉴스에서 본 테러는 폭탄으로 건물을 폭파하고 전쟁을 일으키는 무서운 거였는데…… 왜 댓글이나 영상을 보고 테러라고 하는 걸까요?

알아보기 사이버 폭력도 폭력이에요

다른 사람과 싸우거나 누군가를 괴롭히는 건 학교나 놀이터, 학원에서만 일어나는 일이 아니에요. 스마트폰 속 온라인 공간에서도 자주 일어나지요. 연예인이나 인플루언서를 욕하는 게시글과 댓글, 루머를 퍼뜨리는 가짜 뉴스, 신상 털기 등을 '사이버 폭력'이라고 해요.

사이버 폭력은 보통 특정한 개인이나 소수 집단을 대상으로 벌어져요. 그런데 온라인상의 가해자는 자신이 누군가를 괴롭히는 가해자인 줄 모르는 경우가 많다고 해요. 상대방을 직접 보지 않기 때문에 죄책감을 크게 느끼지 않는 거예요.

사이버 폭력은 피해자가 눈앞에 없기 때문에 상대방의 고통을 대수롭지 않게 여기게 돼요. 자신은 아무 잘못이 없다고 생각하는 가해자도 많아요. 또 사람들은 가해자의 폭력적인 글이나 악성 댓글에 쉽게 휩쓸리기 때문에 온라인상에서는 더더욱 폭력을 경계하는 태도를 보여야 해요

지키기 사이버 폭력, 우리가 막을 수 있어요

온라인상에서 폭력을 목격했을 때는 어떻게 해야 할까요? 어떻게 온라인 폭력을 예방할 수 있을까요? 가장 중요한 건 온라인상에 등장하는 인물이 가상의 인물이 아니라 실존하는 사람이라는 사실을 잊지 않는 거예요. 또 사회적 논란을 일으켰다고 해서 욕을 먹어도 된다는 생각은 위험해요. 아무리 그 사람이 잘못했다고 하더라도 함부로 비난하거나 욕할 권리는 누구에게도 없으니까요. 특히 온라인에서는 논란이 실제보다 과장되거나, 확인되지 않은 소문이 사실인 것처럼 퍼지는 일이 많다는 걸 아는 게 중요해요.

사이버 폭력을 발견하면 거기에 휩쓸리지 말고 객관적으로 판단해야 해요. 도를 넘어선 게시글이나 댓글은 신고하거나 차단하는 것도 필요해요. 우리가 먼저 나서서 정확히 판단하고 올바르게 행동한다면 마구잡이로 공격하는 온라인 폭력의 피해를 줄일 수 있을 거예요.

우리 관계 다시 쌓기

4. 보이지 않는 곳에서도 나를 지켜요

바라보기 **친구인 줄 알았는데 아니었어요**

얼마 전에 SNS에서 친구를 사귀었어요. 나보다 나이가 조금 더 많은 언니였는데, 말도 잘 통하고 좋아하는 '최애'도 취미도 똑같았어요. 언니와 다른 친구들이랑 오프라인 모임도 가졌는데, 며칠 뒤에 그 언니가 나한테 쪽지를 보냈어요. 사정이 있어서 급히 돈이 필요한데 잠깐만 빌려줄 수 있냐는 거예요. 언니랑 친하기도 하고, 전에 언니가 맛있는 것도 많이 사 주어서 한 달 용돈을 몽땅 언니한테 빌려줬어요.

그런데 며칠이 지나도 언니가 빌린 돈을 갚지 않았어요. 언제 줄 거냐고 물어봤더니 오히려 화를 내서 다투고 말았어요. 언니는 나와 나눈 쪽지 내용을 공개적으로 올렸고, SNS 친구들이 모두 나를 따돌렸어요. 내가 사이버 공간에서 집단 괴롭힘을 당하게 된 거예요. 언니를 친구라고 생각했는데, 내가 너무 순진했던 걸까요?

알아보기 **온라인에서는 나를 더 잘 지켜야 해요**

요즘 온라인상에서 금전 사기나 사이버 집단 괴롭힘, 성희롱 같은 범죄가 많이 일어나고 있어요. SNS에 올린 사진을 몰래 사용해서 딥페이크 영상을 만들거나 범죄에 악용하는 사건도 많아요.

또 온라인 게임이나 SNS에서 친해진 사람 중에는 간혹 나쁜 의도를 가지고 접근하는 이들도 많아요. 몇 번 대화를 나누면서 친밀감을 쌓은 뒤 범죄를 저지르는 경우예요. 소셜 미디어로 많이 소통하는 시대에, 온라인에서 누구와도 말하지 않고 아무도 만나지 않기는 어려워요. 그렇다고 모든 사람을 잠재적인 범죄자로 볼 수도 없어요. 나쁜 사람도 있지만, 평범하고 선량한 사람도 소셜 미디어를 사용하니까요.

어떻게 해야 온라인에서 범죄 사건에 휘말리지 않고, 수상한 목적을 가진 사람을 피할 수 있을까요? 온라인 친구의 속마음이 어떤지, 나에게 해를 끼치지는 않을지 어떻게 알 수 있을까요?

이게 뭐지?

지키기 안 되는 건 안 된다고 말해요

만약 인터넷에서 만난 친구가 갑자기 필요하다며 돈을 빌려 달라거나, 얼굴이 나온 사진 혹은 오프라인 만남 등을 요구한다면 단호하게 거절해야 해요. 친한 친구라는 생각에 거절하기 어렵다면 답장을 보내지 않고 피하는 것도 좋은 방법이에요. 선한 목적으로 SNS를 사용하는 평범한 사람들은 그런 곤란한 부탁을 하지 않아요.

특히 나보다 나이가 많은 사람이나 어른은 나이 어린 사람에게 자신이 처한 어려운 상황을 말하면서 돈이나 만남을 요구하지 않아요. 만약 거절하거나 답을 하지 않는다고 화를 낸다면 그 사람이 잘못된 거예요. 만약 이런 상황에 처하면 침착하게 그 사람과 나눈 대화를 따로 보관해 놓고, 주변 친구나 어른에게 꼭 도움을 요청해요.

우리 관계 다시 쌓기

part 5

너랑
진짜 친구가
되고 싶어

새 학년이 되어 모르는 친구들과 같은 반이 되었어요.
그런데 나 빼고 다들 아는 사이인가 봐요. 벌써 친해졌지 뭐예요?
나도 얼른 친구를 만들어야 하는데 조바심이 나요.
어떻게 해야 나와 잘 맞는 친구를 찾을 수 있을까요?
막상 사귀었는데 나랑 하나도 맞지 않는 이상한 친구면 어떡하죠?
그 친구도 내가 별로라고 생각하면요?
진짜 친구를 사귀고 싶은데, 너무 어려워요.

Part 5 너랑 진짜 친구가 되고 싶어

1. 마음을 열어 보여 주세요

바라보기 처음에는 왜 어색할까요?

유치원 때 같은 반이었던 ○○이 우리 학원에 들어왔어요. 유치원 때는 친하지 않았는데, 몇 년 만에 만나니 반가웠어요. ○○한테 말을 걸었는데 ○○은 내가 조금 어색한가 봐요. 사실 나도 조금 어색하긴 했어요.

그러다가 쉬는 시간에 친구들이랑 모여서 얘기를 했어요. ○○은 다른 학교에 다녀서 할 얘기가 많지 않았는데, 내가 좋아하는 만화 얘기를 꺼냈더니 ○○도 그 만화를 제일 좋아한대요. ○○이 나를 계속 어색해하면 어쩌나 했는데, 쭉 친하게 지냈던 것처럼 만화 얘기를 하면서 신나게 수다를 떨었어요. 정말 신기했어요. 좋아하는 것 하나만으로 이렇게 통하는 게 많을 수 있다니. ○○이랑 더 친해지고 싶은데 만화 말고 어떤 얘기를 하면 좋을까요? ○○이 더 궁금해졌어요. ○○도 나를 그렇게 생각할까요?

알아보기   마음을 열면 다가가기 쉬워요

  누군가에게 속마음을 보여 주거나 고민을 털어놓은 뒤에는 그 사람과 전보다 훨씬 가까워진 걸 느낀 적이 있을 거예요. 우리는 서로 마음을 터놓고 이야기하고, 공감하면서 더 친근감을 느껴요. 취미나 좋아하는 것, 비슷한 경험을 가지고 있다면 잘 몰랐던 사람도 금방 가까워질 수 있어요. 몰랐던 부분을 서로 알아 가다 보면 믿음이 생기기도 하고요.

  경험이나 생각, 취미, 고민을 함께 나누는 건 '내가 지금 너와 조금 더 친해지고 싶어.'라는 메시지를 보내는 거예요. 상대방과 공감할 수 있는 이야깃거리가 있고, 그 이야기를 더 많이 나눌수록 '우리는 정말 비슷하구나.'라는 생각이 들어요. 비슷하고 닮은 점이 많다고 느끼면 상대방에게 호감을 가지기 쉽답니다.

어떤 사람과 친해지고 싶다면, 친구와 조금 더 가까워지고 싶다면 마음을 열고 대화를 나눠 보세요. 내 생각과 친구의 생각을 퍼즐처럼 맞춰 간다면 더 좋은 관계로 나아갈 수 있어요.

지키기 피릿피릿 통하는 걸 찾아봐요

새 친구를 사귀고 싶을 때, 혹은 어떤 친구와 더 가깝게 지내고 싶을 때, 이야기를 나누며 비슷한 점을 찾아보아요. 처음부터 잘 맞는 친구는 없으니까요. 친구와 함께 시간을 보내면서 많은 이야기를 나누다 보면 자연스럽게 서로의 고민을 들어 주거나 관심사와 생각을 공유하게 될 거예요.

중요한 건, 친구가 나와 조금 다르더라도 친구의 좋은 점을 발견하는 거예요. 서로의 좋은 점을 인정하고 닮아 가려고 노력한다면 더 좋은 관계로 발전할 수 있을 거예요.
무엇보다 친구의 이야기에 귀를 기울이고 공감해 주는 것이 중요해요.

우리 관계 다시 쌓기

Part 5
너랑 진짜 친구가 되고 싶어

2. 감사에는 힘이 있어요

바라보기 고맙다고 말하기가 왜 어려운 걸까요?

하나. 비가 엄청 많이 왔던 날, 친구에게 우산을 빌려주었어요. 친구는 내가 빌려준 우산을 쓰고 집에 잘 갔는데, 다음 날도 그다음 날도 아무 말이 없었어요. 며칠 뒤에 깜빡했다면서 돌려주긴 했는데, 고마웠다는 말이 없어서 내심 서운했어요. 고맙지 않았냐고 물어보면 속좁아 보일 것 같고, 그냥 넘어가기엔 마음에 걸리는데 어떡하지요?

둘. 나는 소심해요. 미안하다는 말도 고맙다는 말도, 짓궂은 친구들한테 장난치지 말라는 말도 잘 못해요. 얼마 전에 친구들이 나한테 장난을 치려는데 ○○이 친구들을 막아 주었어요. "너희 ◇◇한테 장난 그만 쳐. ◇◇가 기분 나쁠 수도 있잖아." 그 뒤로 친구들은 나한테 심한 장난을 치지 않았어요. ○○한테 고맙다고 말하고 싶은데, 말이 안 나와요. 조금 부끄럽기도 하고요. 어떻게 말해야 할까요?

82

알아보기 고마움을 알면 더욱 돈독해져요

　감사는 상대방이 한 일에 대해 '네가 얼마나 애썼는지, 나에게 얼마나 많은 도움을 주었는지 잘 알아.'라고 상대방의 마음을 다독이고 북돋우며 가치를 인정해 주는 거예요.

　사람들은 자신이 한 일에 대해 물질적인 보상을 원하기도 하지만, 자신의 수고와 노력에 대해 더욱더 인정받고 싶어 해요. 사람들이 자신의 수고와 노력을 알아주고 고마워하면 굉장히 기쁘고 뿌듯하지요. 여러분도 친구를 도와주거나 뜻깊은 일을 했을 때, 친구가 고맙다고 말하면 보람을 느끼고 즐겁지 않나요? 고맙다고 말해 준 친구가 더 좋아지기도 하고요.

　반대로 내가 다른 사람을 위해 노력했는데 누구도 고맙다고 하지 않는다면, 내가 먼저 나서서 한 일인데도 의욕이 사라지게 돼요. 괜히 나섰다는 생각이 들면서, 다음에 똑같은 상황이 벌어지면 다른 사람을 도와주는 일에 나서지 말아야겠다는 생각이 들기도 하지요.

지키기 고맙다고 자주 표현해 봐요

　더 좋은 친구가 되고 싶나요? 그럼 친구에게 도움을 받았을 때 고맙다는 말을 건네 보아요. 진심이 담긴 말 한마디는 다른 어떤 것보다 힘이 세거든요. 고맙다는 말에는 '너의 배려를 잘 알고 있어.' '너는 내가 의지할 수 있을 만큼 듬직해.' '너를 믿고 함께할 수 있어.'라는 마음이 깃들어 있어요. 친구가 이 말을 들으면 자신을 믿어 준다는 생각에 무척 뿌듯해할 거예요.

　만약 친구가 나를 위해 물건이나 기회를 양보해 주었다면, 친구의 호의를 당연한 것으로 넘기지 말아야 해요. 친구의 도움 덕분에 그 일을 잘 해낼 수 있었다는 사실을 떠올려 보아요. 그리고 친구에게 "고마워. 모두 네 덕분이야."라고 말하는 거예요. 남을 돕는 일에도 용기가 필요하지만, 도움을 받았을 때 고맙다고 말하는 것도 작은 용기예요. 처음엔 쑥스러울 수 있지만, 친구의 눈을 바라보면서 짧게라도 말해 보세요. 친구는 나보다 더 고마워하며 기뻐할 거예요.

우리 관계 다시 쌓기

Part 5
너랑
진짜 친구가
되고 싶어

3. 칭찬을 나누면 행복해져요

바라보기 칭찬하는 게 조금 어색해요

하나. 친구가 정말 귀여운 옷을 입고 왔어요. 나도 좋아하는 캐릭터가 그려진 티셔츠였는데, 반가운 마음에 웃었더니 친구가 부끄러워했어요. 귀엽다고 말하면 친구가 더 부끄러워할 것 같고, 말할 기회를 놓쳐서 얘기하지 못했어요. 그런데 그다음부터 친구가 그 옷을 입고 오지 않아요. 아마 내가 비웃었다고 생각했나 봐요. 그때 귀엽다고 말해 줄 걸 그랬어요.

둘. 엄마 아빠가 외출을 했어요. 나랑 동생은 엄마 아빠를 위한 깜짝 선물로 방 청소를 했어요. 그런데 부모님 없이 청소하는 게 쉽지는 않았어요. 청소를 다 했는데 별로 티도 나지 않고……. 역시나 엄마 아빠는 돌아와서 나랑 동생이 방을 청소한 줄 전혀 모르시더라고요. 그래도 열심히 했는데 조금 섭섭했어요.

알아보기 칭찬은 고래도 춤추게 해요

"칭찬은 고래도 춤추게 한다."는 말이 있어요. 그만큼 칭찬은 힘이 세지요. 누군가가 나의 좋은 점을 알아주고 칭찬해 주면 오랫동안 그 사람의 말이 기억에 남아요. 나를 칭찬해 준 사람에게는 좋은 감정이 생기지요.

하지만 많은 사람이 생각보다 칭찬을 잘 못해요. 칭찬도 누군가를 평가하는 거라고 생각해서 잘 하지 않는 사람도 있고, 칭찬하는 것 자체를 어색하게 느끼는 사람도 있어요. '칭찬했을 때 그 사람이 부담스러워하고 불편해하면 어떡하지?'라고 생각해서 주저하는 사람도 있고요.

하지만 우리가 걱정하는 것과는 다르게 칭찬받은 사람은 불편해하지 않는다고 해요. 오히려 기뻐하고 긍정적으로 생각한다는 연구 결과가 있어요. 아주 사소한 것이라도 나의 좋은 점을 알아봐 주고 나에게 관심을 가져 주었으니까 더 힘을 내고 열심히 하게 되지요. 칭찬은 무슨 일이든 해낼 수 있는 자신감과 행복을 줘요.

지키기 친구를 관심 있게 살펴보세요

 우리도 칭찬 한마디로 친구에게 응원과 행복을 건네는 사람이 되어 보면 어떨까요? 칭찬하려면 먼저 친구의 모습과 행동을 주의 깊게 관찰해야 해요. 친구에 대해 잘 모르는데 좋은 점을 발견하는 건 쉽지 않겠지요? 나태주 시인도 「풀꽃」이라는 시에서 "자세히 보아야 예쁘다. 오래 보아야 사랑스럽다. 너도 그렇다."라고 말했어요. 주변 사람을 관심 있게 살펴보면 좋은 점이 보이고 사랑스럽게 느껴질 거예요. 내가 먼저 친구의 좋은 점을 칭찬하면, 친구도 나의 좋은 점을 발견하고 칭찬해 줄지 몰라요.

 친구가 말을 예쁘게 한다거나, 옷이 잘 어울린다거나, 친절하고 다정하다고 구체적으로 이야기해 주면 좋아요. 친구가 수업 시간에 발표를 잘했다면 수업이 끝나고 친구에게 "너 아까 발표할 때 정말 멋있었어!"라고 말해 주는 것도 아주 좋은 칭찬이에요.

 칭찬은 칭찬받는 사람도 기분 좋게 해 주지만, 칭찬하는 사람의 마음도 즐겁게 해 줘요. 칭찬과 응원의 힘을 믿어 보세요.

우리 관계 다시 쌓기

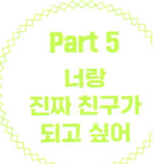

Part 5
너랑 진짜 친구가 되고 싶어

4. 도와주는 게 불편할 수 있어요

바라보기 도와주는 건 좋은 거 아닌가요?

　친구랑 같이 학원 숙제를 하고 있었어요. 나는 수학을 잘 못하고 친구는 영어를 잘 몰라요. 첫 번째 문제부터 어려워서 끙끙거렸는데 친구가 문제 푸는 걸 도와줬어요. 친구 덕분에 숙제를 끝낼 수 있었어요. 고마운 마음에 친구가 영어 문제 푸는 걸 나서서 도와줬어요. 나도 친구를 도와주고 싶었거든요. 그런데 친구는 왠지 기뻐하지 않는 것 같았어요. 집에 가는데, 친구가 나한테 말했어요. "ㅇㅇ아, 나 안 도와줘도 돼. 나도 풀 수 있는 거였어." 나는 고마운 마음에 친구를 도와준 건데, 왜 친구는 뾰로통해졌을까요?

알아보기 **도움에도 방법이 있어요**

　남을 도울 때도 좋은 방법과 좋지 않은 방법이 있어요. 남을 돕는다는 건 선한 행동이지만, 가끔은 상대방에게 부담과 불쾌감을 줄 수 있거든요. 예를 들어 나 혼자서도 충분히 할 수 있는 일인데 친구가 멋대로 나서서 도와주면 내가 꼭 바보 같고, 약하게 느껴지기도 하지요. 이처럼 선한 마음에서 도와주고 싶어도 상대방의 입장을 헤아려 적절히 다가가는 게 필요해요.

　누군가를 돕고 싶을 때는 상대방이 나에게 도움을 요청했는지, 정말 도움이 필요한지 생각해 보는 것이 중요해요. 또 직접 나서서 도와주지 않고 조용히 도움을 주는 것도 큰 힘이 될 수 있어요. 상대방이 도움을 받고 있다는 걸 모르게 돕는 거죠.

　반대로 내가 도움을 요청해야 할 때도 있어요. 그럴 때에는 적극적으로 요청하는 게 좋아요. 도움을 받는다고 해서 내가 모자라거나 못난 게 아니에요. 사람은 누구나 도움을 주고받으며 살아가는 존재라는 걸 잊지 마세요.

지키기 적절하게 도움을 주고받으려면

친구나 선생님, 부모님의 도움을 받아야 할 일이 생기면 어떻게 도와달라고 할지 생각해 봐요. 내가 할 수 있는 건 어디까지인지, 어디부터 다른 사람에게 도움을 청할지 정확히 아는 게 좋아요. 그러면 다른 사람도 좀 더 편하게 나를 도울 수 있어요.

친구를 돕고 싶을 때, 친구에게 어떤 부분을 도와주면 될지 먼저 물어보는 것도 좋아요. "내가 도와줄 수 있으니까 필요하면 언제든지 말해 줘."라고 말하면 친구도 여러분에게 더 편한 마음으로 도와달라고 요청할 거예요.

중요한 건 내가 남을 돕는다고 해서 내가 더 낫다거나 완벽한 사람이라는 뜻이 아니라는 걸 알고, 내가 도울 수 있는 부분까지만 도와주는 거예요. 도움을 받을 때도 내가 할 수 없는 것만 요청해야겠지요. 또 '나는 ○○을 도와줬는데, ○○은 왜 나를 안 도와주지?'라고 생각하지 않고, 도움을 주는 것 자체를 기쁘게 여기는 거예요. 그러면 칭찬이 친구 사이를 더 단단하게 만들어 줄 거예요.

우리 관계 다시 쌓기

나가며

우리의 관계를 지키는 방법 세 가지

우리의 관계를 지키는 방법 세 가지

하나. 먼저 내 마음을 돌봐야 해요

　내 마음이 힘들거나 불안할 때는 다른 사람을 챙기기도 힘들고, 친구의 배려도 예민하게 받아들일 수 있어요. 친구, 부모님, 다른 사람들과 좋은 관계를 유지하며 함께 지내기 위해서는 먼저 내 마음부터 살펴보고 돌봐야 해요.

　내 마음이 지치지 않고 여유가 있다면 다른 사람을 돌아보는 시야도 넓어져요. '나는 지금 괜찮으니까, 힘들어하는 친구를 챙겨 주고 양보해야겠어.'라고 생각하며 마음이 넓어지는 거예요. 그런 상태에서는 가끔 친구와 다투거나, 서운함을 느끼거나, 조금 상처받는 일이 생겨도 훌훌 털어 낼 수 있지요.

　여러분의 마음은 어떤가요? 혹시 공부나 다른 일 때문에 조급하거나 불안하지는 않나요? 그럴 때는 나의 마음을 잘 살펴보고, 내 마음에 휴식의 시간을 줘 보세요. 내가 스스로 다독일 수 없다면 친구나 부모님에게 속마음을 꺼내 이야기하고 내 마음을 차분하고 단단하게 만들어 보아요. 그러고 나면 주변 사람과의 관계에서 한 걸음 더 내디딜 수 있는 자신감이 생길 거예요.

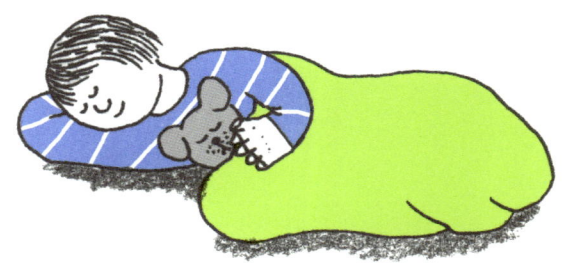

둘. 아무리 친해도 나만의 시간이 필요해요

　여러분은 혼자 있고 싶었던 적이 있나요? 엄마 아빠, 형제자매, 친구들과 24시간 내내 붙어 있으면 아마 그런 생각이 들 거예요. 조용히 쉬고 싶을 때도 있고, 편히 누워서 너튜브도 보고 싶고, 혼자 책도 읽고 노래도 듣고 싶은데 옆에 다른 사람이 있으면 혼자만의 시간을 가지기 어려우니까요.

　좋아하는 사람과 잠시도 떨어지지 않고 같이 있다면 그 관계가 더 돈독해질까요? 의외로, 조금 거리를 둘수록 사이가 좋아지고 더 애틋해지기도 해요. 좋아하는 친구와 오랫동안 잘 지내고 싶나요? 그렇다면 온종일 연락하고 매일 만나기보다는 가끔 거리를 두고 각자의 시간을 가지는 것도 좋아요. 조금 떨어져 있으면 서로가 얼마나 보고 싶고 소중한지 깨달을 수 있거든요. 가까운 사이일수록 서로의 선을 지키면서 친하게 지낼 때 그 관계가 더욱 빛날 수 있답니다.

셋. 친구도 골라야 할 때가 있어요

　우리가 돈이나 시간을 펑펑 쓸 수 없는 것처럼 인간관계도 한정되어 있어요. 전교생과 두루두루 친하게 지낼 수도 있지만, 막상 친한 친구를 꼽으라면 그렇게 많지는 않을 거예요. 또 친구 중에는 가끔 인사해도 반가운 친구, 매일 만나 시시콜콜한 얘기를 나누는 친구도 있을 거예요. 이렇게 사람마다 친한 친구의 기준도 다르고, 얼마나 자주 연락해야 하는지도 달라요.

　무조건 친구가 많다고 해서 인간관계가 좋다고 할 수 있을까요? 친구가 단 한 명만 있다 해도 나와 마음이 잘 맞는다면 좋은 인간관계를 맺고 있는 거예요. 나를 소중히 여기지 않고 배려하지 않는데 인간관계가 중요하다는 생각 때문에 억지로 친구로 둔다면 아마 친구가 없는 것보다 더 슬프고 괴로울지도 몰라요.

　인간관계를 유지하기 위해 모든 사람에게 지나치게 잘하면서 애쓰지 않아도 괜찮아요. 꼭 친구가 많아야만 좋은 사람이 되는 것도 아니에요. 서로 잘 맞고, 힘이 되어 주고, 내 마음을 잘 이해해 주는 친구를 고르는 게 중요해요. 관계도 결국 내가 세상을 행복하게 살기 위해 필요한 것 중 하나라는 사실을 잊지 마세요.